NOTES SUR LA NAVIGATION

ENTRE

CONSTANTINOPLE ET IBRAÏLA

ACCOMPAGNÉES

D'UNE CARTE PARTIELLE DU DANUBE,

ENTRE SULINA ET IBRAÏLA.

Par G. GAIN,

CAPITAINE AU LONG-COURS, OFFICIER AUX MESSAGERIES IMPÉRIALES
PILOTE BREVETÉ DU DANUBE.

MARSEILLE,
IMPRIMERIE ET LITHOGRAPHIE Ve MARIUS OLIVE,
rue Paradis, 68.

1861.

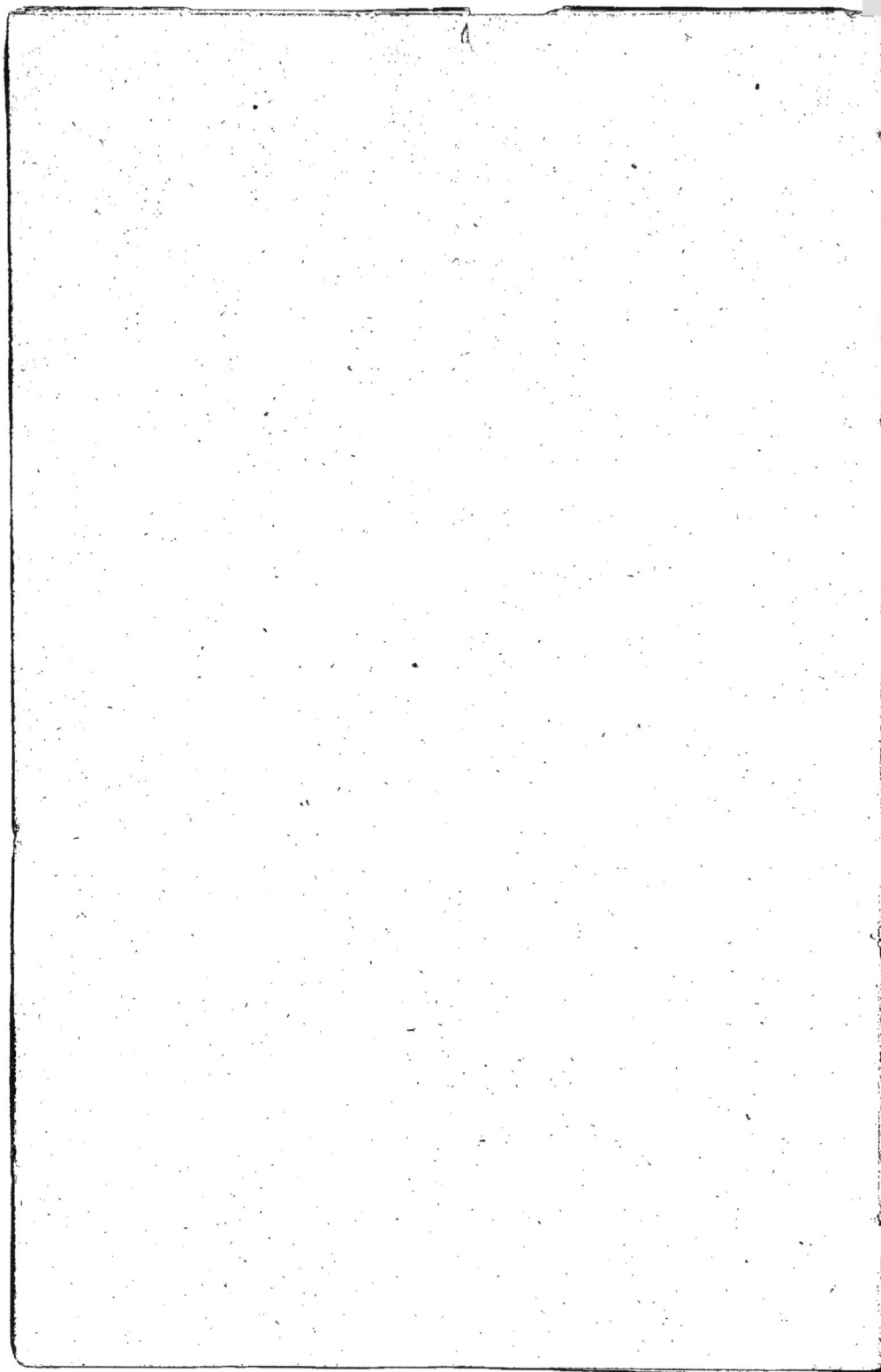

COMPAGNIE DES SERVICES MARITIMES DES MESSAGERIES IMPÉRIALES.

NOTES SUR LA NAVIGATION

ENTRE

CONSTANTINOPLE ET IBRAÏLA

ACCOMPAGNÉES

D'UNE CARTE PARTIELLE DU DANUBE,

ENTRE SULINA ET IBRAÏLA.

Par G. GAIN,

CAPITAINE AU LONG-COURS, OFFICIER AUX MESSAGERIES IMPÉRIALES,
PILOTE BREVETÉ DU DANUBE.

MARSEILLE,

TYPOGRAPHIE ET LITHOGRAPHIE VEUVE MARIUS OLIVE,
RUE PARADIS, 68.

—

1861.

39742

NOTES.

Depuis quelques années, la mer Noire voit ses eaux sillonnées par une quantité considérable de navires de toute les nations. Cette mer, sur laquelle on ne nous a laissé que des notions très-incertaines, est peu connue encore de nos jours par les marins qui la fréquentent. Ce n'est qu'avec une crainte presque toujours exagérée qu'un capitaine se décide à affronter les dangers imaginaires de la mer Noire. Depuis la guerre de Crimée cependant on semble lui accorder une plus grande confiance, et cette mer paraît aussi de son côté vouloir prouver à tous qu'elle n'est pas aussi *inhospitalière* qu'on nous l'a répété jusqu'à ce jour.

1.

Les 4 Saisons.

Les quatre saisons sont très distinctes dans la mer Noire. Le *printemps*, l'*été*, l'*automne* et l'*hiver* ont chacun le *vent* et l'*état du ciel* qui leur sont propres. Je me bornerai ici à les décrire sommairement, n'ayant toujours en vue que de parler de la partie de la côte occidentale comprise entre le Bosphore et le Danube.

2.

Le Printemps : Mars, Avril et Mai.

Le printemps, doux et tempéré, est, à mon avis, la saison la plus favorable à la navigation dans la mer Noire.

Le vent est très-variable et les coups de vent y sont rares; en général, pas de *mauvais temps*. Au mois de mai, la brise du large commence à s'établir pendant le jour ; la brise de terre se fait sentir pendant la nuit, jusqu'à une distance de quinze à vingt milles. La mer est presque toujours belle. Il fait encore froid pendant le mois d'avril, mais les chaleurs commencent à se faire sentir vivement au mois de mai. Le ciel est serein ; quelques nuages apparaissent rarement à l'horizon.

3.

L'Été : Juin, Juillet et Août.

L'été, est généralement beau ; juin et juillet donnent des brises d'EST assez fraîches pendant le jour ; du calme pendant la nuit ; mais les brises de terre sont très-régulières le long de la côte. Souvent, vers la fin de juillet et pendant le mois d'août, la journée se termine par des orages accompagnés d'une brise très-fraiche qui dure deux ou trois heures et qui n'a pas de direction fixe ; mais pendant cette saison, quelle que soit la force du vent, quelle que soit la partie à laquelle il souffle, il ne fait que rider légèrement la surface de la mer. Pendant le mois d'août, le vent de NORD souffle presque continuellement, bon frais, avec une force régulière, *beau temps* et *belle mer*.

4.

L'Automne : Septembre, Octobre et Novembre.

Le commencement de l'automne est beau ; mais vers la fin le ciel devient très nuageux. Il pleut ordinairement, vers la fin de septembre et dans le mois d'octobre, avec des vents du S.-O. au S.-E. Le vent, pendant cette saison, est très-variable ; et quelquefois on a à supporter, en octobre et novembre, des coups de vent assez violents, mais qui durent peu. Il n'est pas rare de voir un calme plat succéder à un coup de vent de la veille ; la mer alors tombe presque aussitôt que le vent. Quelquefois aussi, le lendemain , une légère brise souffle du côté opposé. Quelques instants avant le lever du soleil, une légère brume se répand sur l'horizon pendant les beaux jours et finit par se changer en un brouillard épais qui ne se dissipe souvent que vers neuf ou dix heures du matin ; c'est alors qu'il est difficile et très dangereux de tenter un atterrissage quelconque, à cause du grand nombre de navires que l'on est susceptible d'y rencontrer, et surtout aux environs du Bosphore. Cette brume annonce toujours une belle journée et une brise modérée. L'athmosphère se refroidit tout à coup en novembre ; les vents de S. et de S.-E. sont plus fréquents et toujours très-frais : on éprouve du froid pendant ce dernier mois d'automne ; et lorsque la neige commence à tomber, l'hiver a pris son cours.

5.

L'Hiver : Décembre , Janvier et Février.

Quoique le mois de décembre soit parfois assez beau, on doit toujours se méfier de sa belle apparence : car le temps change souvent rapidement. Les trois mois d'hiver sont assez rigoureux , mais principalement sous le rapport du froid qui est sec et vif. Les fleuves gèlent , et souvent même la mer aux environs du Danube et d'Odessa. Le vent souffle du N.-O. au N.-.E généralement ; on a quelquefois du S. en janvier. Le ciel est toujours couvert et grisâtre ; la neige et le grésil apparaissent souvent. Les coups de vent de N.-E., dangereux principalement près des côtes , sont plus vigoureux et plus tenaces. La prudence, pendant cette saison , doit engager les capitaines à naviguer au large et à ne tenter un atterrissage un peu difficile qu'après la cessation d'un mauvais temps.

6.

Vents.

En résumé, généralement les vents sont très-variables et par conséquent très-favorables à la navigation dans la partie occidentale de la mer Noire. On peut cependant diviser ainsi les vents principaux : de décembre en avril, du N.-E. au N.-O. ; de mai en juillet, très-variables ; les vents du N. soufflent ordinairement d'une manière régulière pendant tout le mois d'août, *bon frais*; en septembre ils sont remplacés par les vents de S., qui durent quelquefois aussi en octobre et novembre. Ce n'est pas seulement un coup de vent qui rend la mer Noire dangeureuse en hiver, mais aussi le froid rigoureux que l'on y éprouve. La neige ou la pluie qui tombe se gèle rapidement , et l'équipage ne peut manœuvrer qu'avec une grande difficulté lorsque le gréement et le pont sont couverts de glace.

7.

Courants.

Il n'existe pas de courants dans la mer Noire. L'influence du vent , qui roule les eaux dans sa direction , peut seule occasionner une altération sensible sur la route d'un navire. Ce n'est qu'à petite distance de la côte que l'on éprouve les effets d'un courant qui se dirige vers le S., en suivant les sinuosités de la côte. Ainsi le courant qui sort de la mer d'Azoff, se joignant à celui que produisent les eaux du Dnieper et du Dniester, se dirige vers le S. ; lorsque ce courant rencontre les eaux du Danube, il oblique un peu au large vers le S.-E., et après avoir dépassé la bouche de St-Georges, il se dirige vers l'O.-S.-O. pour pénétrer dans le golfe de Kustendjé ; il glisse ensuite le long de la côte et vient se heurter à la pointe de Chabler et au cap Kalliakri ; il continue ensuite sa marche de cap en cap jusqu'à la rencontre de la côte de Roumélie qu'il parcourt jusqu'à l'entrée du Bosphore dans lequel une partie des eaux se précipite; le surplus se dirige vers l'EST, le long de la côte d'Anatolie. Ce courant devient nul par les vents de S.; avec les vents d'E., la masse des eaux poussées par le vent, dépasse le Bosphore, neutralise ce courant par une brise ordinaire, et en produit un autre assez sensible de l'E. vers l'O. par une brise fraîche. Lorsque un courant rencontre un obstacle, tel qu'un cap ou une pointe, il se forme derrière cet obstacle un remoux qui produit toujours un contre-courant. C'est ainsi que, près de Balchik, le courant porte à l'EST, le long de la côte, jusqu'au cap Kalliakri, et au N.-E. jusqu'à Chabler.

8.

Entrée du Bosphore.

Avant de quitter le Bosphore pour entrer en mer Noire, tout capitaine doit s'assurer du temps, par un coup d'œil consciencieux et assuré. Avec des vents du N.-E. au S.-E., lorsque les terres sont chargées, on ne doit s'aventurer en mer Noire qu'après s'être bien convaincu que le temps ne forcera pas à laisser arriver, pour rentrer dans le Bosphore et y chercher un abri ; car, on en perd facilement de vue l'entrée ainsi que ses quelques points de reconnaissance. Lorsque l'on vient atterrir par un même temps, souvent aussi accompagné de pluie, on n'aperçoit quelquefois la terre que quand *on y est dessus* ; et, pendant la nuit, les feux qui éclairent l'entrée ne sont visibles qu'à une bien faible distance, malgré leur lumière éclatante et le minutieux entretien dont ils sont continuellement l'objet. On fera donc bien de n'agir qu'avec une extrême prudence. L'horizon est souvent tellement chargé aux approches du

Bosphore, que l'on serait presque tenté de donner le conseil suivant à celui qui se verrait forcé de *donner dedans* : choisissez le point le plus sombre et mettez le cap dessus, vous êtes sûr de trouver le Bosphore.

NAVIGATION ENTRE CONSTANTINOPLE ET SULINA.

9.

Cap Kalliakri.

Après avoir quitté le Bosphore, il convient de faire route de manière à aller reconnaître le cap Kalliakri, pour y rectifier l'estime et y prendre un nouveau *point de départ*. Ce cap, qui est à l'extrémité d'un promontoire d'une élévation moyenne, est taillé à pic. On aperçoit quelques ruines à son extrémité qui est d'un rouge foncé. La partie comprise entre Balchik et le cap est blanchâtre, taillée aussi à pic, des broussailles y découpent largement de grandes tâches noires. De ce cap la côte court vers le N.-N.-E., pendant dix-sept milles jusqu'à Chabler, pointe basse, à l'extrémité de laquelle on a construit un phare. Le feu en est fixe et a une portée de 8 milles.

10.

Ile des Serpents.

Du cap Kalliakri on fait route sur l'île des Serpents ; cette île est accore, peu élevée et quadrangulaire. On peut mouiller tout autour, à demi-mille de la côte, par sept ou huit brasses, fond de vase et coquilles, mais avec du mauvais temps une forte houle contourne facilement cette île et en rend le mouillage très-fatigant et peu sûr. Elle est éclairée par un phare à feu tournant de 20" en 20'', visible à vingt-cinq milles. Après avoir pris connaissance de cette île, on fait route vers l'O.-N.-O. et l'on ne tarde pas à apercevoir le phare de Sulina, placé sur la rive droite et à l'entrée du Danube. Le feu en est fixe et a une portée de 15 milles.

11.

Rade de Sulina.

Il y a continuellement une grande quantité de navires à Sulina qui attendent un vent favorable ou qui prennent charge. Quelques navires mouillent aussi en rade et y opèrent leur chargement. Le meilleur mouillage est par 7 à 8 brasses, à trois milles au large, et en relevant la tour du phare au S.-O du monde. Ce mouillage permet d'appareiller facilement pendant un mauvais temps, et de s'élever au vent. Le fond y est de bonne tenue. Avec du N.-E. ou de l'E., la mer est très grosse et brise presque partout ; mais les quelques navires qui se perdent chaque année, ne vont généralement à la côte qu'après la rupture de leurs chaînes.

Il existe un navire coulé en rade et duquel on aperçoit une partie de la mâture. Il est à deux milles dans l'E.-N.-E. du phare. Dangereux pendant la nuit, il sera très facile de l'éviter pendant le jour.

12.

Bouches du Danube.

Il y a quatre bouches par lesquelles le Danube verse ses eaux dans la mer Noire ; ce sont celles de Portitza, Saint-Georges, Sulina et Kylia. Celle de Sulina est la seule, actuellement, par laquelle les navires pénètrent dans le fleuve, à cause de sa profondeur. Il s'est produit en 1860,

, sur la barre, une amélioration très-sensible , due aux travaux ingénieux de la Commission Européenne. Il y a eu jusqu'à 13 pieds d'eau au printemps et 9 en été ; il y en avait 11 et demi en novembre.

13.

Entrée de Sulina.

Tout navire qui arrive en vue de Sulina, doit faire route de manière à amener le phare au S.-O., et gouvernant ensuite à cet aire de vent, il ne tardera pas à découvrir les deux jetées nouvellement construites , ainsi qu'une ou deux bouées qui indiquent l'ouverture de la passe. La jetée du nord part de l'extrême pointe de la rive gauche , court à l'E. puis incline légèrement vers le N. en formant une courbe presque insensible. Celle du SUD part de l'extrémité de la rive droite, se dirige vers le N.-E. et forme dans tout son parcourt une courbe très-prononcée , en inclinant vers l'E., jusqu'à devenir, par son extrémité, parallèle à la jetée du nord.

14.

Pilotage de la barre.

Il n'est pas possible de donner, au sujet de la passe, des indications précises ; car les bancs et la barre peuvent changer rapidement de position et de forme, soit après un coup de vent du large , soit sous l'influence des courants plus ou mois forts des eaux du fleuve , ou par toute autre particularité quelconque. On a vu la profondeur de l'eau, à la barre, changer plusieurs fois dans la même journée. Les sondages réguliers et fréquents faits par les soins du chef-pilote permettent de signaler continuellement aux navires qui arrivent ou qui sont dans le port , la quantité d'eau sur la barre, au moyen d'une planche noire que l'on place sur le haut de la tour du phare, et sur laquelle est indiquée, en blanc, la profondeur de l'eau donnée en pieds anglais. Dailleurs le pilote de service ne tarde pas à sortir pour se rendre à bord du navire qui se présente. Mais si l'état de la mer ne lui permet pas quelquefois de franchir la barre, bien qu'elle soit praticable pour un navire, il se tient en dedans de manière à être facilement aperçu, afin d'indiquer à ce navire la direction du chenal, au moyen du pavillon qu'il incline à droite ou à gauche, selon qu'il veut lui signaler de venir sur *babord* ou sur *tribord*. Le pavillon tenu perpendiculairement signifie que le navire se trouve avoir une bonne direction.

Mouillage dans Sulina.

Si, comme il vient d'être dit, le pilote ne peut sortir pour aller au large à la rencontre du navire, dès que celui-ci a franchi la barre, le pilote monte à bord et le conduit au mouillage qui lui est assigné par les règlements du port. Ce mouillage varie suivant la nature du chargement et la destination du navire. Chaque navire mouille une ancre et porte des amarres à terre, afin de laisser toujours le milieu du fleuve dégagé, de manière à ne pas gêner la circulation. (Il est juste de signaler la bonne organisation du corps des pilotes de Sulina).

15.

Pavillon du Pilote.

Le pavillon que hisse l'embarcation du pilote pour se faire reconnaître, est blanc, percé d'un losange rouge dans lequel sont les deux lettres P. S.

16.

Signaux de la tour du Phare.

Au moyen de quelques pavillons, le pilote de garde sur

la tour du phare signale l'approche des navires et communique même avec eux et avec la direction du port de Sulina. Les signaux suivants devraient être connus à bord des navires qui vont dans le Danube :

Pavillon bleu foncé.

La barre est impraticable, et on ne peut pas envoyer de pilote.

Pavillon rouge.

Quand un navire sera en danger sur la passe, signal qui sera hissé tant sur la tour que sur le navire pour aller à son secours.

Flamme rouge.

Signal qui sera hissé sur la tour à l'approche d'un navire de guerre.

Flamme rouge et blanche.

Signal qui sera hissé sur la tour quand un navire s'approchera de la passe pour l'envoi d'un pilote.

17.

Divers Mouillages en cas de Relâche.

Un navire qui, en sortant du Bosphore, trouverait des vents contraires, ou qui, se trouvant plus nord encore, serait assailli par un coup de vent du N. au S.-E. qui le forcerait de *laisser arriver*, n'a sous le vent aucun port de refuge ; mais il peut trouver un abri plus ou moins sûr dans quelques baies que je vais me contenter de mentionner.

Kalliakri.

Avec du N. ou du N.-E. le cap Kalliakri offre trois bons mouillages : Balchik, Kavarna et Djeleip. La baie de Bal-

chik abrite même de l'E. ; le vent de S. E. y pénètre rarement, et dans tous les cas la houle n'est jamais incommode.
Le cap Kalliakri forme la pointe E. de la baie de Djeleip ;
on y mouille à deux milles du cap en le relevant à l'E.-S.-
E. par 4 ou 5 brasses fond de sable vaseux , et à un mille
de la côte.

Varna.

La baie de Varna n'offre un bon mouillage que pour le
vent de N. Il y pénètre une forte houle avec le N.-E. , et
dès que le vent tourne à l'E. , la grosse mer rend souvent
ce mouillage impossible. Le paquebot à vapeur le *Taurus*,
avec un coup de vent d'E.-N.-E. fut obligé d'appareiller
et d'aller chercher un abri dans la baie de Bourgas; la mer
déferlait à bord. Le meilleur mouillage est dans la partie
S.-S.-E. de la rade, par 9 à 10 brasses , à 1/2 mille de la
côte ; la lame est arrêtée et brisée par un haut fond avant
d'arriver à ce mouillage, où l'on ne ressent qu'une houle
longue et bien moins fatiguante que devant la ville.

18.

Bourgas.

La baie de Bourgas est , sans contredit , celle qui offre
le plus de ressources et un abri sûr en tout temps. Katchivelaska est le meilleur de tous les mouillages ; le fond y
est de bonne tenue, et il n'y entre jamais la moindre houle.
Il faut avoir soin de fermer presque totalement l'ouverture
de la baie par l'îlot de Papas sur lequel est bâti le monas-
tère de Ste-Anastasie. On est alors par 4 brasses ; il y en
a six lorsque cet ilot est détaché du cap Emona. Sizopoli
abrite des vents du large, mais l'on y est ouvert au N., et
le fond n'est pas d'une très-bonne tenue.

19.

Niada.

On peut mouiller à Niada, par cinq brasses à demi mille du rivage, et en relevant le cap Kouri à l'E., mais la forte houle qui y pénètre souvent, rend ce mouillage fatiguant et incommode. Il est très-nécessaire cependant pour les navires qui, sortant du Bosphore, n'ont pas eu le temps de s'élever assez nord, pour pouvoir caper en sécurité.

20.

Katchivelaska.

Tels sont les principaux mouillages de la côte de Rou-mélie et de Bulgarie. Excepté à Katchivelaska, un navire n'est jamais en parfaite sûreté.

Kustendji.

Il faut espérer que le port de Kustendji, à la construc-tion duquel on travaille activement, réunira toutes les ressources nécessaires. Sa situation lui promet un brillant avenir, sans détruire aucunement la navigation du Danu-be. Le chemin de fer qui actuellement relie ce port avec le haut Danube doit lui procurer de grands avantages ; mais il sera impuissant, malgré cela, pour nuire à la navigation du bas du fleuve. Ibraïla, Galatz, Ismaïl et Tulscha conserveront toujours un commerce très-actif et fourni-ront constamment les aliments nécessaire à une navigation toujours croissante.

NAVIGATION ENTRE SULINA ET IBRAÏLA.

21.

Aperçu général de la branche de Sulina.

La branche de Sulina, qui a quarante-cinq milles de longueur et cent quatre-vingt mètres de largeur en moyenne, gît E. et O. Mais de nombreux contours, dont quelques-uns sont très-courts, la rendent assez peu favorable à la navigation à voiles. Bon nombre de bancs et quelques carcasses formant autant de dangers, rendent la navigation, dans cette branche, encore plus difficile et font sentir à chacun la nécessité d'un pilote.

22.

Distances.

Les distances, en milles, sont indiquées par des poteaux numérotés, plantés sur la rive gauche de *la Sulina*.

23.

Division en tables.

Cette branche se divise en quatorze parties que l'on appelle tables ou *Tavlassi* ; chacune de ces parties est comprise entre deux contours principaux. La première table, en partant de Sulina, se nomme *Tchiboukli*, et successivement les autres sont celles de :

Tramontana.	Monodhendri.
Chamourli.	Tchobangirla.
Batimiche Kavac.	Papadia.
Delta.	Kuchuk Alganis.
Austria.	Alganis.
Gorgova.	St-Georges.
Kala Yeros.	

Contours.

Les contours les plus remarquables sont ceux qui correspondent aux numéros suivants : 8 , 17 , 23, 24 , 25 , 37 , 39 et celui de la pointe St-Georges.

Bancs.

Les bancs les plus dangereux sont ceux de Batimiche-Kavac, de Gorgova et des Alganis, il n'y a, sur chacun de ces bancs, que 10 ou 15 pieds d'eau suivant la saison.

24.

Carcasses.

Quant aux carcasses, elles sont toutes de véritables dangers. Un navire qui viendrait à échouer sur une d'elles ne tarderait pas lui-même à couler bas. Elles se trouvent généralement adossées sur l'une ou l'autre rive ; mais trois d'entr'elles sont restées au milieu du fleuve ; deux sont signalées par des bouées rouges ; la première est à 26 milles et demi au-dessus de Sulina ; la seconde à 34 milles et demi. La troisième qui se trouve à 44 milles n'a jamais été signalée. Le remoux du courant a formé , au-dessous de chaque carcasse, un banc qui se prolonge souvent à une très grande distance.

Malgré le fond de neuf pieds et plus accusé sur la carte entre la seconde carcasse ci-dessus et la rive gauche , il serait imprudent de vouloir y passer ; car on pourrait fort bien rencontrer quelque monticule ou un banc nouvellement formé , sur lequel il serait toujours dangereux de venir échouer.

25.

Projets d'amélioration.

La Commission Européenne, qui vient de faire construire, à l'embouchure de la *Sulina*, deux jetées magnifiques et qui ont produit d'assez heureux résultats, a formé aussi le projet de faire disparaître les bancs que je viens de citer, d'adoucir les contours trop rapides, d'en couper même quelques-uns, ainsi que d'enlever les carcasses qui gênent le plus la navigation. Il a paru, en outre, quelques règlemens d'une grande utilité, qui sont venus apporter des modifications essentielles et urgentes, et dont le but est d'assurer l'exécution sévère d'une police fluviale. Chaque navire est tenu actuellement de s'y soumettre en ce qui le concerne.

26.

Différence dans le niveau des eaux du fleuve.

Pendant l'hiver toujours rigoureux que l'on éprouve chaque année dans les divers pays qu'arrose le Danube, tous les affluents et, presque chaque année, le fleuve lui-même sont gelés. Le Danube n'étant plus alors suffisamment alimenté, les eaux diminuent rapidement et descendent jusqu'à leur plus faible niveau. Au mois de mars, avril et mai, la fonte des glaces et des neiges produisent une augmentation très-sensible, et les eaux du Danube, en juin et juillet atteignent leur maximum d'élévation ; elles débordent alors, souvent et en divers endroits, le lit du fleuve. Elles ne tardent pas à diminuer lorque les neiges sont toutes fondues ; c'est pour ce motif qu'au mois d'août et de septembre, leur niveau s'abaisse pour ne remonter (exceptionnellement) qu'à l'époque des grandes pluies, en octobre et novembre.

27.

Influence du niveau des eaux sur les courants.

Telles sont, en général, les variations qu'éprouvent les eaux du fleuve, et les causes de leur plus ou moins grande élévation. Cette différence dans leur niveau en produit une analogue sur leur rapidité. Le courant est plus ou moins fort, selon que le niveau des eaux est plus ou moins élevé. Dans la partie du fleuve comprise entre Galatz et Tulscha, on compte, en moyenne, deux milles et demi par heure. Dans la branche de Sulina, la moyenne atteint à peine un mille. Cela est aisé à concevoir, puisque les eaux du fleuve se sont divisées en trois parties pour se déverser à la mer par les trois branches de *Kilia*, *St-Georges* et *Sulina*. Cette dernière, étant surtout la moins large, n'en reçoit, par conséquent que la plus faible partie. Le courant n'agit pas également partout avec la même vitesse. Ainsi là où il existe un banc qui occupe une certaine partie de la largeur du fleuve, quelquefois sa moitié, le courant est plus rapide, à cause du rétrécissement du canal dans lequel passe forcément la masse des eaux. Il en est de même pour chaque contour où il est à remarquer que, pour les mêmes motifs, dans chacun d'eux, les eaux se dirigent avec plus de force vers la partie concave ; tandis que sur la pointe opposée le courant est presque nul.

Lorsque le Danube déborde, le courant est beaucoup moins fort ; car les eaux, au lieu de suivre le lit du fleuve, se répandent par une multitude de canaux dans une plaine immense. Le contraire a lieu au moment où les eaux commencent à baisser ; car les étangs et les marais déversent alors leur trop plein dans le fleuve, et augmentent, par conséquent, la force du courant.

PILOTAGE DU FLEUVE. — NAVIGATION EN AMONT.

28.

Pilotes de la barre.

Le corps des *Pilotes* de la barre a été composé de : un *chef-pilote*, un *sous-chef*, et *trente* pilotes de première classe; il y a aussi des pilotes auxiliaires, mais leur nombre n'a pas encore été déterminé.

29.

Tarif général des droits de navigation.

Les frais de pilotage, pour la barre de Sulina, sont de dix-neuf centimes par tonneau de jauge. Ces frais sont compris dans le tarif général des droits de navigation ; tarif récemment mis en vigueur et dont nous allons donner, en résumé, la teneur des principaux articles.

Les bâtiments à voiles de trente à cent tonneaux payeront à la sortie 0 fr. 75 centimes par tonneau de jauge, ayant la moitié au moins du chargement à bord et pour moins de dix pieds d'eau sur la barre. Et successivement suivant le tableau ci-après :

Tableau.

Jauge.	Eau à la barre 10 pieds	De 10 à 11 pieds	De 11 à 12 pieds	De 12 à 13 pieds	De 13 à 14 pieds	De 14 à 15 pieds	De plus de 15 pieds
de 100 à 150	1 00	1 50	2 00	» »	» »	» »	» »
de 150 à 200	1 00	1 50	2 00	2 50	» »	» »	» »
de 200 à 250	1 00	1 50	2 00	2 50	2 75	» »	» »
de 250 à 300	1 00	1 50	2 00	2 50	2 75	3 00	» »
de 300 et au-delà	1 00	1 50	2 00	2 50	2 75	3 00	3 25

« Les profondeurs de la barre seront données en pieds anglais.

« Le tonneau est de 1,015 kilog. (tonneau anglais.)

« Les bateaux à vapeur appartenant à une compagnie, faisant des voyages réguliers dans le fleuve, payeront 25 centimes par tonneau de jauge ; sauf déduction de 40 o/o sur le tonnage total.

« A l'entrée, les navires à voile et les bateaux à vapeur, autres que ceux dont il vient d'être fait mention, ayant à bord plus de la moitié de leur charge, payeront le quart de la taxe de la sortie.

« Les navires faisant opération en rade : cinquante francs par navire.

« En relâche, on ne payera aucun droit.

« Il y a une amende du quadruple des droits, pour tout navire qui tenterait de se soustraire à les payer.

« Les pilotes de la barre sont tenus d'aller à la rencontre d'un navire jusqu'à un mille et demi au large.

« Nul ne peut jeter le lest à la mer qu'à deux milles au moins de distance de la barre ; jamais dans le fleuve. »

30.
Pilotes du Fleuve.

Le nombre de pilotes du fleuve est illimité. Après avoir subi un examen, chaque candidat admis reçoit, au nom de la Commission européenne, un brevet qui lui donne le pouvoir de piloter les navires dans telle ou telle partie du fleuve. Les pilotes ainsi brevetés sont les seuls reconnus ayant droit de pilotage ; ils sont tous soumis, dans l'exercice de leur fonctions à un règlement particulier. Leur chef-pilote n'a pas de résidence fixe ; mais il a un bureau dans les principales villes maritimes. C'est à lui que l'on doit s'adresser pour tout ce qui concerne le service du pilotage dans le fleuve.

31.

Nécessité d'avoir un pilote à bord.

Le pilotage n'est pas obligatoire dans le Danube. On ne doit pas cependant négliger d'avoir un pilote, surtout à la descente, et lorsque le navire a un chargement à bord, autant pour sauvegarder les intérêts des assureurs que ceux des assurés. D'ailleurs, en certains endroits, des circonstances exceptionnelles et imprévues peuvent rendre la manœuvre extrêmement difficile et dangereuse. Une connaissance parfaite des lieux, une pratique constante, un coup-d'œil rapide et assuré peuvent seuls faire sortir un navire d'un embarras accidentel et éviter de graves avaries. C'est alors, dans un de ces moments critiques, que l'on sent la nécessité d'avoir à bord un homme pratique, habitué depuis longtemps à ce genre de navigation et qui, en luttant avec calme, sait vaincre tous les dangers en face desquels un navire peut si fréquemment se trouver engagé.

32.

La taxe du pilotage pour la navigation en *aval* est fixé à :

Dix ducats, d'Ibraïla ou Galatz à Sulina.

Huit   »   de Rény ou Ismaïl   à   »

Six   »   de Tulscha   à   »

plus pour nourriture le traitement de sous-officier.

Pour la remonte on traite de gré à gré. Toutefois cela ne peut dépasser *demi-ducat* par jour de voyage, et le traitement de sous-officier pendant toute sa durée.

33.

Navigation en amont.

Le but de tout navire, qui se rend de Sulina à un point

quelconque dans l'intérieur du fleuve, est de remonter avec toute la facilité et la promptitude possibles. Pour atteindre ce but, il s'agit de profiter de tout vent favorable , d'éviter les courants trop rapides , ainsi que les échouages , qui , à eux seuls, peuvent occasionner un retard considérable , en outre des avaries qui peuvent en être la conséquence.

34.

Les bancs sont si nombreux, dans la branche de Sulina, que le plan seul peut en donner une idée exacte; au reste, les amers manquent totalement pour pouvoir en donner les relèvements nécessaires. Il en est de même pour les carcasses qu'il serait trop long de détailler sans pouvoir en expliquer ici la position avec exactitude, et pour lesquelles on devra, comme pour les bancs s'en rapporter au plan.

Les bancs , chaque année , ne subissent qu'un changement presque imperceptible ; tandis que les carcasses augment malheureusement trop. J'ai signalé sur le plan toutes celles qui existaient au vingt décembre 1860 ; et leur position, ayant été placée avec soin, sera facile à reconnaître au moyen des poteaux numérotés. J'ai déjà eu occasion de signaler les plus dangereuses ; j'ajouterai à celles déjà citées , la carcasse qui se trouve sur le banc en face de Tulscha, ainsi que celle qui est en face du lazaret de Galatz. Il y a assez d'eau sur cette dernière, mais il serait dangereux de venir se heurter contre la mâture dont une partie veille encore à certaines époques ; il y a bon passage de chaque côté.

35.

J'ai déjà dit que les courants sont plus rapides dans la partie concave des contours, ainsi que dans certains endroits du fleuve où les bancs ne laissent qu'un chenal étroit à la navigation. On doit éviter de se laisser affaler dans la partie concave des contours, et ne s'en approcher qu'autant qu'on le jugera nécessaire pour évoluer sûrement, et toujours en manœuvrant de manière à doubler convenablement la pointe, sans la ranger de près. Quant aux bancs, pour éviter un échouage, il faut beaucoup de prudence et une certaine expérience pratique que l'on ne peut acquérir qu'en faisant souvent cette navigation.

Afin d'éviter, autant que possible, le courant dans tout le parcours du fleuve, il faut passer aussi près qu'on peut de l'accore de chaque bancs, quelquefois sur le banc lui-même, s'il y a assez d'eau ; mais s'il n'existe pas de bancs, il faut ranger de très-près l'une des deux rives ; on doit choisir de préférence celle qui forme la pointe du contour que l'on va rencontrer, parce que c'est là que le courant se fait moins sentir.

36.

Les trois contours du Delta.

Le *Delta*, long à peine de deux milles, comprend à lui seul trois contours. On l'appelle communément M, parce que le fleuve, en cet endroit, a la forme de cette lettre. C'est là que l'on rencontre presque toujours le plus grand nombre de navires, amarrés sur les deux rives, en attendant un peu de vent favorable. Ce passage, devenu dès-lors difficile par l'encombrement, est rendu dangereux bien souvent par d'autres navires qui, descendant à la dérive, ne peuvent manœuvrer qu'avec difficulté. Ce n'est qu'avec beaucoup de patience et de prudence qu'un bateau à vapeur parvient à se frayer une route au milieu d'une véritable forêt de navires ; et lorsqu'on est parvenu à doubler ces contours, si l'on jette un coup-d'œil en arrière, on est souvent surpris des dangers que l'on a courus, tandis que l'on se trouve heureux aussi d'avoir pu les éviter.

37.

Alganis.

Cinq bouées rouges , placées sur le même alignement , indiquent le chenal des Alganis. On doit les laisser toutes à tribord en montant, et passer beaucoup plus près d'elles que de la rive droite. Entre les bouées et la rive gauche , il y a peu d'eau et le fond est de cailloux. C'est là que la petite rivière de Papadia, actuellement barrée , déversait ses eaux dans le Danube.

38.

Tulscha.

Après avoir quitté la branche de Sulina, il reste encore cinq milles à parcourir pour arriver à Tulscha , ville turque située sur la rive droite. Les navires qui doivent y prendre charge mouillent l'ancre de tribord et accostent le quai au moyen de leurs amarres ; les navires en relâche vont mouiller en face, sur le banc, par cinq ou six brasses, immédiatement au-dessus de la pointe , hors de la ligne des forts courants. Un câble télégraphique traverse le Danube à un mille au-dessus de Tulscha. Ce câble est signalé par des poteaux, sur l'une et l'autre rive il est défendu de mouiller , sous aucun prétexte, dans l'alignement de ces poteaux.

39.

Roche de Tulscha.

J'ai entendu souvent signaler la *Roche de Tulscha* comme un grand danger. Cette roche n'est recouverte qu'au moment où les eaux atteignent leur plus grande hauteur ; alors même un fort remoux la fait aisément reconnaître.

Au reste elle est éloignée tout au plus de douze mètres du pied d'un plus grand rocher qui fait partie de la montagne, contre laquelle la ville est adossée. On a construit sur ce rocher une petite maison ou baraque en pierres, d'un extérieur toujours très-propre. Le courant qui vient se heurter contre la *roche*, forme un contre-courant assez rapide dans les parties concaves, au-dessus et au-dessous d'elle. Il existe aussi un autre contre-courant en face et au-dessous de la pointe. Ils sont tous très-favorables pour faire évoluer un navire qui appareille pour la descente.

Je suis persuadé que la *Roche de Tulscha* n'est pas aussi dangereuse qu'on veut bien le supposer; car on ne peut citer pour preuve, non-seulement aucun navire perdu, mais encore ayant fait même, à cause d'elle, la plus petite des avaries.

40.

Isatcha.

Il n'existe qu'une seule île entre Tulscha et Galatz ; c'est celle d'Isatcha, située du même côté et en face même de la ville d'où elle tire son nom. Cette île est totalement boisée; il y a de 6 à 9 pieds d'eau, suivant la saison, dans le chenal qui la sépare de la ville. On peut la ranger d'assez près, car sa partie extérieure est saine.

41.

Rény.

La ville de Rény, bâtie sur la rive gauche, fait partie actuellement de la Moldo-Valachie. Elle est à 10 milles au-dessous de Galatz. Elle possède un vaste lazaret où chargeaient autrefois les navires en quarantaine. Le commerce y est beaucoup plus actif qu'a Tulscha. Le confluent du Pruth est à un mille au-dessus du lazaret.

Banc de Rény.

Le grand banc que l'on appelle *Banc de Rény*, commence en face même de la ville, sur la rive droite. Il a trois milles de longueur et occupe le tiers environ de la largeur du fleuve. On passe assez près et sur l'accore même du banc, afin de ne pas avoir un courant trop fort à refouler.

42.

Pointe Cocona.

A trois milles et demi au-dessus du confluent du Pruth, est la pointe Cocona; elle est entourée d'un banc qui s'étend assez au large. Il existe un fort brassiage dans la partie concave en face de la pointe, ainsi qu'un tourbillon de courant qu'il sera toujours prudent d'éviter.

Après avoir doublé la pointe Cocona, on peut suivre l'une ou l'autre rive; mais on doit préférer la rive droite; car, malgré qu'elle soit aussi profonde, le courant s'y fait moins sentir.

43.

Galatz.

La ville de Galatz est à 6 milles au-dessus de la pointe Cocona, sur la rive gauche. Le premier établissement que l'on rencontre est le lazaret, en face duquel, au milieu du fleuve, existe une carcasse déjà mentionnée. Il y a bon passage de chaque côté, mais celui de la rive gauche est préférable parce qu'il est plus accore et plus profond.

Mouillage.

Les navires qui sont destinés pour Galatz, doivent toujours mouiller en face de la ville sur la rive droite, en attendant que la Direction du port leur désigne une place au quai pour y prendre charge.

Le Seret.

La rivière du Seret se jette dans le Danube à quatre mil-les au-dessus de Galatz. Sur la rive gauche, un peu au-dessus du Seret, existe une île assez longue. Un navire qui remonte doit, après avoir passé le Seret, continuer de suivre la rive gauche, jusques par le travers du milieu de cette île, et passer ensuite sur la rive opposée, pour ne plus la quitter qu'en approchant de la branche de Matschin, à l'entrée d'Ibraïla.

44.

Ibraïla.

De même que Galatz, Ibraïla est bâtie sur la rive gauche du fleuve. Les rues sont larges et bien percées. Le commerce de cette ville est immense, et elle possède de nombreux et vastes magasins. Les navires attendent, sur la rive droite, qu'on leur ait désigné une place, pour pouvoir aller s'amarrer à quai devant les magasins où ils doivent prendre leur chargement. Les navires qui ont quelques réparations à faire, vont se placer, soit dans la branche de Matschin, soit derrière le petit îlot en face de la ville.

Mouillage.

Les navires en charge, ayant tous une ancre au large, et étant amarrés parallèlement au quai, souvent sur neuf et dix rangs, il en résulterait parfois de graves inconvénients, si la Direction du port, qui veille avec une constante sollicitude à maintenir l'ordre le plus parfait, n'avait pris à ce sujet d'excellentes mesures. Ainsi : tout mouvement dans le port, pour aller prendre une place au quai ou pour la quitter, n'est autorisé que le jeudi et le dimanche.

45.

Exportation.

De tous les ports du Danube, Ibraïla est celui qui fournit le plus à l'exportation, et le commerce y prend une extension rapide. Il a été chargé en ce port 1,291 navires en 1859 ; tandis que l'année suivante nous présente un total de près de 2,000 navires.

46.

L'exportation du Danube se compose de blé, maïs, orge, seigle, haricots, millets, graines de lin et de navette, planches et douelles, peaux de bœuf, fromages, suif et viande salée.

Importation.

L'importation donne un accès facile à presque toutes les branches de notre industrie, laquelle lutte avantageusement, par la bonté de ses produits, contre l'Allemagne entière.

47.

Manœuvre d'un bateau a vapeur qui remonte.

En remontant le fleuve, l'expérience a démontré d'une manière irréfutable, que pour passer un coude, avec un bateau à vapeur, il ne faut jamais ranger la pointe ni s'enfoncer trop dans la partie concave. Le seul moyen qui réussit toujours est de bien reconnaître et de bien juger la direction du courant, et de maintenir ensuite le navire dans cette direction sans s'en écarter. En effet, supposons un contour qu'il s'agit de doubler en venant sur bâbord. Si l'on range de trop près la partie concave, il arrivera un moment où, l'avant étant à découvert de la pointe, le courant frappera presque perpendiculairement sur la joue de babord, tandis que l'arrière sera empêché de venir sur tribord par le refoulement du courant qui passe entre le navire et la rive ; le but sera nécessairement manqué, et le navire se collera inévitablement sur la rive gauche, contre laquelle il sera constamment maintenu par un fort courant. Si, au contraire, on rallie trop vite la pointe, à peine l'avant du navire l'aura-t-il dépassée, qu'il sera poussé violemment sur tribord, tandis que l'arrière, se trouvant au même instant dans les eaux mortes, ne pourra agir que très incomplètement pour empêcher l'abattée, et le navire conservera une direction perpendiculaire à la rive opposée, jusqu'à ce que l'arrière ayant à son tour dépassé la pointe, reçoive l'impulsion de ce même courant. C'est à ce moment seulement que le navire commencera à venir sur babord ; mais comme il est précisément alors en travers du fleuve, l'espace lui manque et l'évolution ne peut s'achever sans qu'il aille échouer de toute sa longueur sur le talus de la rive gauche.

48.
Manœuvre d'un navire à voiles.

La manœuvre d'un navire à voiles, pour remonter le fleuve, n'entraîne aucune difficulté ; car on ne peut naviguer que *vent sous vergue*, ou au moyen du halage. A la descente, il faut de la pratique et une attention continuelle. En général, avec une brise un peu fraîche, on manœuvre avec assez de facilité, parce que l'on peut déplacer presque instantanément le centre d'effort de la voilure ; mais avec du calme, ont est forcé de rester au mouillage.

49.
Appareiller pour descendre le fleuve.

Un bateau à vapeur rencontre plus de difficultés pour

descendre que pour remonter le fleuve. Un appareillage est toujours facile à Galatz, où partout ailleurs, au moyen d'un croupiat ; mais à Ibraïla cette manœuvre est presque toujours impossible, à cause de la rapidité du courant ou de l'encombrement du port.

50.

Appareiller à Ibraïla.

Il existe, sous l'eau, un peu au-dessus d'Ibraïla, les restes d'un ancien pont qui traversait le Danube. Cet endroit est très-favorable pour faire évoluer promptement un bateau à vapeur. Il faut , pour cela, remonter le fleuve , en rangeant la ville, jusqu'après avoir dépassé le travers du grand moulin à vent. Lançant alors le navire sur babord, on le dirige de manière à venir placer l'avant dans le courant qui sort par l'espace compris entre deux piles , tandis que l'arrière se trouve dans le remoux formé par l'une d'elles; (ce qui est toujours très-facile à distinguer). On doit le maintenir dans cette position , aussitôt que l'avant est bien présenté , en stoppant et faisant même quelques tours en arrière , si c'était nécessaire. Le navire tourne alors sur lui-même avec une rapidité surprenante. Cette manœuvre est préférable à toute autre, et malgré la perte de temps qu'elle entraîne (un quart d'heure environ) , la conviction de ne faire aucune avarie compense largement ce retard peu sensible.

51.

Appareiller à Tulscha.

A la descente, un bateau à vapeur, qui ne doit séjourner à Tulscha qu'un espace de temps assez restreint, pourrait mouiller sur le banc par trois brasses ; mais il est préférable d'aller au-dessous de la pointe, et de porter tout simplement une amarre à terre en échouant légèrement l'avant.

Dans l'un ou l'autre cas , il faut , lors de l'appareillage ,
manœuvrer de manière à venir placer l'arrière du bâtiment
dans le contre-courant au-dessus ou au-dessous de la *roche*.
On peut être certain alors que le navire , étant poussé en
sens inverse par l'arrière et l'avant en même temps, évo-
luera avec une grande facilité.

52.

Passage des coudes à la descente.

Pour descendre un coude très-prononcé, avec un bateau
à vapeur , il convient de suivre quelque temps à l'avance
la rive qui forme la partie concave ; puis choisir le moment favorable pour lancer le navire de manière à venir
placer l'avant le plus près possible de la pointe. En le main-
tenant dans cette position , l'arrière reçoit une impulsion
beaucoup plus forte que l'avant et l'évolution du navire est
assurée.

53.

Avoir une ancre à jet prête à mouiller par l'arrière.

Il est très-prudent d'avoir toujours une ancre à jet prête
à mouiller par l'arrière , dans le cas où il serait urgent
de s'arrêter immédiatement , soit pour un encombrement
de navires, ou bien pour tout autre motif impossible à pré-
voir.

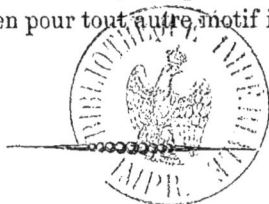

PLAN du DANUBE
de Silistra à Brailov

1e Partie

2e Partie

OBSERVATIONS

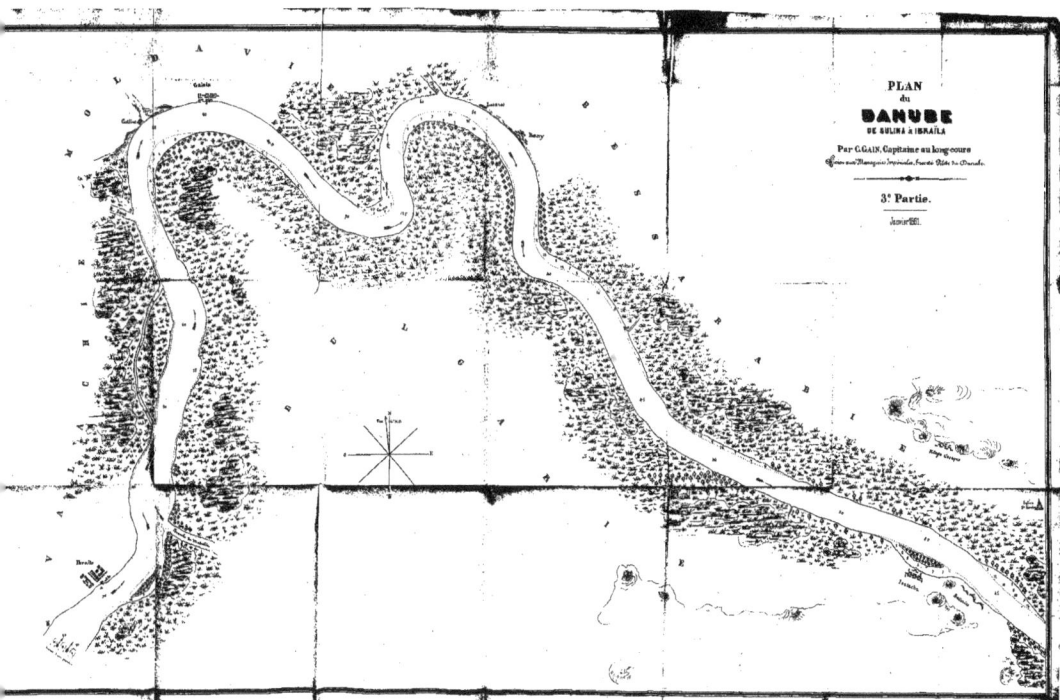

PLAN
du
DANUBE
DE SULINA à IBRAÏLA

Par C. GAIN, Capitaine au long-cours

3.ᵉ Partie.

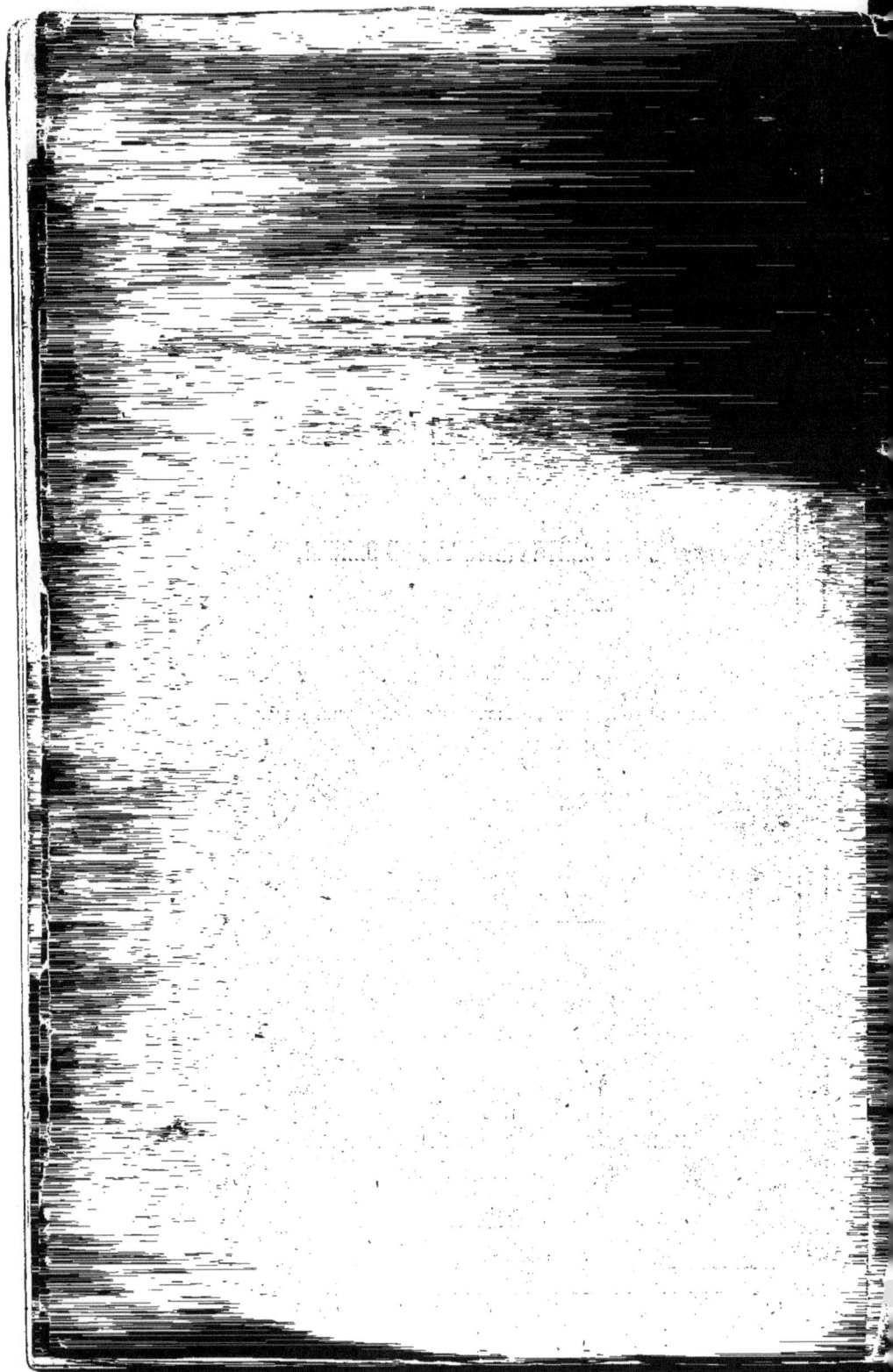

www.ingramcontent.com/pod-product-compliance
Lightning Source LLC
Chambersburg PA
CBHW071438200326
41520CB00014B/3744